$L_b. \overset{48}{1673}.$

(Par Just-Jean-Étienne **Roy**.)

TABLEAU
DE PARIS

DANS LES QUINZE PREMIERS JOURS DE
JUIN 1820.

TABLEAU

DE PARIS

DANS LES QUINZE PREMIERS JOURS DE JUIN 1820.

PAR M. J. J. E. R.

La vérité, rien que la vérité.

A PARIS,

A LA LIBRAIRIE CONSTITUTIONNELLE DE BRISSOT-THIVARS,

RUE NEUVE-DES-PETITS-CHAMPS N° 22.

1820.

En traçant cette esquisse, nous n'avons eu d'autre
prétention que de justifier notre épigraphe. Dans cette
vue, nous avons eu soin de ne recueillir que les faits
dont nous pouvons garantir l'authenticité.

TABLEAU

DE PARIS

DANS LES QUINZE PREMIERS JOURS DE JUIN.

DEPUIS le jour (1) où la présence inattendue de M. Chauvelin à la chambre des députés, avait fait pencher la balance en faveur du côté où siége cet honorable membre, un grand nombre de personnes se faisaient un devoir de l'attendre à la sortie des séances de la chambre, et de lui témoigner par des acclamations le vif intérêt que faisait naître son noble dévouement.

Plusieurs jours de suite, on l'accompagna jusque chez lui aux cris de *Vive le roi! Vive la charte!* Ce cortége n'a commis ni excès, ni désordre, et il se séparait immédiatement après l'arrivée de M. Chauvelin à son hôtel.

Ces marques de la reconnaissance publique accordée à un député qui surmontait les dou-

(1) Voir la séance des députés du 3o mai.

leurs les plus aiguës pour accomplir ses devoirs, excitèrent la rage d'un certain parti. Il pensa qu'en employant la violence, il étoufferait des transports qui lui déplaisaient. C'est cette démarche inconsidérée qui fut la première cause de tous les désordres des jours suivans.

Le 2 juin, des hommes à redingote bleue, à cravatte noire et à éperons, des hommes que les journaux du lendemain qualifièrent de *jeunes gens appartenant à un corps militaire*, se rendirent à la sortie de la chambre des députés pour exécuter le projet dont nous venons de parler.

M. Méchin, qui était sorti ce jour là de la salle à trois heures, avait rencontré un officier, orné de deux décorations, qui l'avait prévenu qu'on en voulait à M. de Chauvelin. « Nous connaîtrons enfin, avait-on dit, cette fameuse chaise à porteurs. »

Nous allons laisser M. de Chauvelin, raconter lui-même les détails de ce premier événement, qui a eu des suites si désastreuses. . . . . (1). « J'étais sorti vers les six heures

____

(1) Lettre de M. de Chauvelin, lue à la séance du 5 juin, par M. Méchin.

du couloir de la chambre des députés, porté dans les bras de deux hommes qui devaient me transporter ainsi jusqu'à la voiture que j'avais laissée à la grille du côté du pont.

« À mon entrée dans la cour latérale au jardin du palais de Condé, j'ai vu, depuis la porte vitrée jusqu'à la grille, une double haie de personnes qui, sur plusieurs rangs et dans l'attitude la plus silencieuse et la plus paisible, semblaient attendre des détails sur l'issue de la séance du jour. Comme je me trouvais à peu près au tiers de l'espace qu'avaient à parcourir mes porteurs pour gagner la grille, des témoignages d'intérêt et d'approbation en ma faveur ont commencé à éclater par des battemens de mains et des *bravos*; comme j'approchais de la grille, un certain nombre des personnes devant lesquelles je venais de passer, se sont mises à la suite de mes porteurs, mais en les laissant sortir les premiers de la grille. Au moment où mes porteurs avançaient pour me rapprocher de la voiture qui m'avait amené, et qu'on avait été appeler, et ces porteurs n'ayant pas fait trois pas hors de la grille, le chemin leur fut barré par une troupe de personnes armées de bâtons, parmi lesquelles paraissaient être beaucoup de militaires en habit bourgeois, et qui poussaient avec une sorte de fureur des cris de *Vive le roi !* dont chacun était accompagné du soulèvement du bâton et de regards menaçans. La foule des personnes qui sortaient de la cour se plaçait successivement derrière moi; elles semblaient surtout occupées de ma situation et empressées de me préserver ; ce qui paraissait les empêcher de répondre aux provocations et aux menaces de gestes dont elles étaient devenues l'objet, autrement que par des cris de *Vive la charte !* prononcées sans violence ni fureur.

« Pendant cette espèce de conflit, qui a duré plus d'un quart d'heure, aucune parole ne m'a été adressée par personne, et je n'en ai prononcé d'autres que celles-ci : « Messieurs, ouvrez-moi le passage, laissez-moi gagner ma voiture. » On conçoit que ma position devait être des plus pénibles, le plus grand espace libre qui se trouvait autour de moi n'était pas de deux pieds, je me trouvais toujours dans les bras des porteurs, mais je sentais leurs forces s'affaiblir, j'éprouvais de plus en plus des inquiétudes pour les citoyens dévoués et généreux, mais désarmés, qui s'efforçaient de réussir à me faire un rempart de leur corps, et adressaient aux personnes armées de bâtons qui m'approchaient le plus et qui n'avaient cessé de causer et d'entretenir le désordre, des exhortations à mon égard et des reproches sur les dangers auxquels ils m'exposaient. Enfin les efforts toujours plus heureux et plus efficaces de ces bons citoyens ont réussi à me dégager, et c'est sous leur protection et presque dans leurs bras que je me suis trouvé porté dans ma voiture; et comme elle tournait pour gagner le pont, une partie des personnes armées de bâtons, a entouré la voiture en poussant avec la même fureur de nouveaux cris de *vive le roi!....* »

Plusieurs des personnes qui avaient aidé M. de Chauvelin à gagner sa voiture, reçurent des coups de cannes des *militaires déguisés*, qui préludaient ainsi aux scènes sanglantes du lendemain. Cependant ces mêmes personnes revinrent en bon ordre par le quai d'Orsay, et saluèrent du cri de *vive la charte!* l'hôtel des gardes-du-corps. Là une partie du groupe se sépara, et traversant le pont Royal, vint jusque sous les fenêtres des Tuileries faire entendre le cri de *vive le roi! vive la charte!*

Parmi les personnes témoins de cet événement se trouvaient plusieurs étudians en droit et en médecine. Quelques-uns même avaient été maltraités; ils s'empressèrent d'en faire part à leurs camarades, et ceux-ci résolurent d'aller le lendemain en grand nombre à la chambre des députés. Le même motif et le désir de connaître la décision de la chambre relative au premier article de la loi des élections, y avait attiré une foule immense d'habitans de Paris de toutes les classes.

La police y avait envoyé un nombreux détachement de gendarmerie. Vers les cinq heures et demie, on apprit le résultat de la séance; le premier article de la loi venait de passer à une majorité de *cinq* voix à laquelle avaient concouru *cinq* ministres votans. Des murmures prolongés accueillirent d'abord cette décision; mais les cris de *vive le roi! vive la charte!* leur succédèrent bientôt et furent unanimement répétés.

Alors des commissaires de police, placés sous le péristyle de la chambre des députés, s'occupèrent à faire évacuer la foule. Ils n'éprouvèrent aucune résistance, et secondés seulement de quelques vétérans, ils déblayèrent la place au-devant du palais. Mais comme la foule ne quittait pas le quai et les autres avenues du palais, on fit avancer sur divers points des détachemens de gendarmes devant lesquels on se retirait paisiblement. Jusque-là aucune violence, aucune voie de fait n'avaient eu lieu ; dans une demi-heure tout serait rentré dans l'ordre, et il n'y aurait eu ni coups de sabre, ni coups de bâtons, ni meurtre.

Tout à coup on voit arriver les hommes à redingote bleue. Pour mieux se reconnaître ils portaient en signe de ralliement un petit ruban blanc, noué négligemment à la boutonnière. Ils criaient *vive le roi!* exclusivement, et voulaient forcer tous ceux à qui ils s'adressaient à répéter le même cri. Ceux qui avaient le malheur d'ajouter *vive la charte!* étaient accablés sous une grêle de coup de cannes.

Jusque-là on avait eu à se louer de la modération des gendarmes, ici on put les accuser de faiblesse ou de partialité. Il est certain qu'ils paraissaient plutôt protéger les assaillans que leurs victimes.

C'est alors que des députés ont été insultés, et que les scènes les plus affligeantes ont eu lieu.

Les *militaires déguisés* étaient armés de cannes à crochet d'un côté et à hachette de l'autre. Ces petites haches faisaient des blessures très-profondes.

La mêlée , car on peut lui donner ce nom , avait principalement lieu sur le pont Louis XVI, la place Louis XV , le quai des Tuileries et le quai d'Orsay.

Sur tous ces points il s'est passé des faits dont nous rapporterons les plus authentiques , ou ceux dont nous avons été nous mêmes les témoins.

M. N...., avocat à la cour royale fut rencontré par un groupe qui lui intima l'ordre de crier *vive le roi :* avec plaisir , répondit-il , et il s'écria *vive le roi! vive la charte!* A peine eut-il proféré ces mots qu'il fut assailli de plusieurs coups de cannes. Il en évita quelques-uns à l'aide d'un parapluie qu'il tenait à la main. Un ami qui l'avait accompagné se précipita aussitôt pour le secourir. Ce dernier attira sur lui seul toute leur fureur. En un instant son chapeau fut coupé en lambeaux par les *hachettes* , et de profondes blessures ensanglantèrent sa tête et son visage. Il ne put se dégager de leurs mains qu'à l'aide d'un gendarme qui le saisit au collet, en feignant de s'en emparer pour le conduire en prison.

Nous avons vu nous-mêmes un homme

renversé, et frappé par plus de vingt bâtons à la fois. Il lui reste cependant encore assez de forces pour se relever; à peine est-il mal affermi sur ses jambes : Crie *Vive le roi !* lui dit un de ces furieux. Ce malheureux ouvre à peine les yeux, et étourdi des coups qu'il a reçus, il paraît ne savoir ni où il est, ni ce qu'on lui veut. Crieras-tu *Vive le roi !* lui répète un de ces forcenés, en levant de nouveau son bâton sur lui. Il allait le frapper, un de ses camarades le retient en lui disant : « Laisse-le aller, il en a pour son compte ! ! ! »

Un homme accoste deux députés, MM. Leseigneur et Girardin (1), et leur tient ce propos : *Vous l'avez voulu, vous verrez ce que c'est qu'une révolution, et vous la danserez.*

Plus loin, ces messieurs racontent qu'ils ont vu assommer à coups de cannes un jeune homme très-bien mis, dont tout le crime était d'avoir crié *Vive la charte !* La gendarmerie s'approcha, et l'on frappait encore le jeune homme blessé ou mort, quoiqu'il fût au milieu d'elle; un officier de gendarmerie décoré se contenta d'observer aux assommeurs qu'il était mal de frapper ainsi sur un de leurs prison-

____

(1) Séance de la chambre des députés, du 5 juin.

niers, et il ne fit arrêter aucun de ceux qui avaient mis ce jeune homme dans l'état où il se trouvait.

« Cette scène d'horreur terminée, ajoute M. Leseigneur (1) nous fûmes assaillis à notre tour par ceux qui en avaient été les auteurs, et enveloppés par une grande quantité d'hommes armés de bâtons ferrés, et tous assez bien mis pour nous faire croire que c'étaient des gens de *bonne compagnie.*

« Leur conduite cependant ne répondit pas à cette apparence ; l'un d'eux me saisit au collet ; tous menacèrent mon collègue et moi, de nous assommer, et me dirent dans un langage fort grossier : Crie *Vive le roi !*

« C'était aussi aux cris de *Vive le roi !* que l'on massacrait dans la ville de Nîmes.

« Je leur observai qu'ils n'avaient pas d'obligations à nous imposer, et que le cri qu'ils réclamaient était dans nos cœurs. J'ajoutai que je ne le séparais jamais de celui de *Vive la charte !* A ce mot, un chevalier de Saint-Louis dit : Vive la charte est un cri séditieux. M. Girardin demanda depuis quand ? Ils me contraignirent à crier seulement *Vive le roi !* j'o-

_____

(1) Séance de la chambre des députés, du 5 juin.

béis comme ceux qui donnent leur bourse, lorsqu'on la leur demande sur le grand chemin. »

En vain ces deux honorables députés se firent connaître, on continua à les insulter. On passa dans les jambes de M. Leseigneur une canne à crochet pour le faire tomber, son habit fut déchiré. Un homme d'une très-grande taille leva sa canne sur la tête de M. de Girardin, qui lui présenta sa médaille, se nomma, lui déclara qu'il serait responsable de ce qu'il allait faire, et qu'il se repentirait un jour d'avoir maltraité un député.

Ces paroles prononcées avec l'énergie qui caractérise M. de Girardin, produisirent leur effet. On cessa de poursuivre ces députés. Ils gagnèrent le pont Royal où ils trouvèrent M. Casimir Perrier et M. Benjamin Constant qui venaient d'être poursuivis dans leurs voitures par une centaine d'*hommes à cannes*. Le domestique de M. Casimir Perrier avait été frappé. Ils ne purent cependant atteindre la voiture, et ils revinrent en s'accusant de leur maladresse, mais se promettant de ne pas manquer leur coup une autre fois, et pour cela de placer vingt d'entre eux à la grande porte du palais.

M. Benjamin Constant a déclaré à la tribune qu'on l'avait prévenu d'avertir M. de la Fayette qu'on l'attendait pour l'insulter. M. Benjamin Constant répondit qu'il ne pouvait l'avertir, mais qu'il l'attendrait pour sortir avec lui.

« J'avançais, ajoute l'honorable député, « suivi d'un jeune homme qui courut pré- « venir ses compagnons que nous allions sor- « tir, M. de la Fayette et moi : Tant mieux, « répondirent-ils, nous leur ferons crier *vive* « *le roi!* Un vieil officier portant plusieurs « décorations et paraissant avoir un grade « supérieur, se tourna vers eux et leur dit : « Ne bougez pas, restez tranquilles, je vous » l'ordonne ; nous les envelopperons et nous « leur ferons crier bien autre chose. J'ignore « ce qu'il entendait par là et ce qu'il aurait « fait crier à M. de la Fayette enveloppé par « ces gens. »

M. Benjamin Constant offre de faire connaître dans l'enquête le nom de cet officier, ainsi que le nom de la personne qui a dit à M. Leseigneur : Vous voulez une révolution, eh bien! vous la danserez.

Nous avons entendu nous mêmes quelques-uns de ces *militaires déguisés*, dire entre eux : Que ne nous fait-on monter à cheval, nous aurions bientôt sabré toute cette canaille.

La foule se dispersa vers les six heures, et se retira par le quai d'Orsay, le quai des Tuileries et la rue de Rivoli. On avait fermé le jardin des Tuileries.

C'est alors qu'eut lieu l'événement le plus déplorable de cette journée, événement que les journaux du parti *ultrà* ont si dénaturé (1).

(1) Je ne puis résister au désir de citer un trait propre à caractériser cette impartialité que les ministres nous ont promise dans l'usage qu'ils feraient de la censure.

Les journaux ultrà prétendaient que le jeune Lallemand avait été tué en cherchant à désarmer un militaire. Les journaux libéraux racontèrent l'événement tel qu'il s'était passé. MM. les censeurs pensèrent que les premiers seuls pouvaient avoir raison ; et ils voulurent contraindre les autres à se conformer à cette version. Voici la lettre qu'ils écrivirent à ce sujet à la *Renommée* :

« D'autres journaux racontent la circonstance relative à un jeune homme tué sur la place du Carrousel, d'une manière toute différente, et qui paraît plus exacte. M. le rédacteur de la *Renommée* est invité à se conformer à cette version, suivant laquelle ce jeune homme *aurait* reçu le coup fatal en voulant désarmer un militaire. »

Ce n'est pas tout ; le lendemain le père écrivit aux

Quelques-uns des groupes en revenant de
la place Louis XV avaient suivi le quai des
journaux libéraux pour se plaindre de l'indigne calom-
nie dont son malheureux fils était l'objet , la censure
ne permit pas d'insérer sa lettre. Enfin il fut obligé de
s'adresser à M. Lafitte , qui la lut à la chambre des députés.

Si quelque chose pouvait exciter une plus grande in-
dignation que cette révoltante partialité de la censure ,
ce serait la justification qu'on cherche à en faire dans le
Moniteur du 8. Ce journal avait lui-même été obligé de
convenir la veille que Lallemand n'avait point provo-
qué le coup fatal ; son récit tendait à faire considérer cet
événement comme un accident. Voici comment il pré-
tend justifier la censure.

Deux journaux se présentent, dit-il, et racontent le fait
d'une manière à peu près uniforme. Deux autres vien-
nent ensuite qui font un récit tout opposé. Les censeurs
*qui n'avaient par eux-mêmes aucune connaissance de
cet événement* , ont dû accueillir la version qui leur paraissait moins propre à alarmer , et qui ne tendait pas
à calomnier un militaire de la garde royale. C'est par
cette raison qu'ils ont dû refuser également d'insérer la
lettre du père.

A-t-on jamais raisonné plus pitoyablement? *MM. les
censeurs n'ont par eux-mêmes nulle connaissance de
l'événement;* ils n'ont aucune raison de croire plutôt
un récit que l'autre ; ils devaient donc les rejeter tous
les deux. Dans le doute abstiens-toi, dit le sage ; mais
les censeurs ne se piquent pas de sagesse. *C'est pour ne*

Tuileries ou la rue de Rivoli , et s'étaient reformés sur la place du Carrousel. Des patrouilles de la garde royale furent chargées de les
dissiper. L'une d'elles s'approcha d'un groupe
qui criait *vive la charte* et voulut s'emparer
d'un jeune homme. Celui-ci en se débattant
fit tomber le sergent qui le tenait , ce militaire
furieux se relève et lâche son coup de fusil ,
dont la balle va percer par derrière et à quelques pas, le malheureux Lallemand, étranger à
cette rixe. On s'empresse de le relever. Il était
blessé mortellement. Il eut assez de force pour
donner son adresse. On le transporte chez son
père, rue du Petit-Carreau, n° 3. Là il conser-
va encore assez de présence d'esprit pour faire
sa déclaration au commissaire du quartier ;
enfin il expira vers les onze heures en disant :
Je plains sur-tout mon malheureux père (1).

point alarmer, disent-ils. Mais la narration qu'ils ac-
cueillent est-elle moins alarmante que l'autre ? *C'était
pour ne point calomnier un militaire ;* mais vous ne
craignez pas de calomnier celui que ce militaire a im-
molé... Laissez, laissez reposer en paix son ombre , et
n'outragez pas sa mémoire ; n'est-ce pas assez de l'avoir
assassiné ?

(1) Voici la lettre que le père de ce jeune homme

Si quelque chose eût pu adoucir les regrets de ce père infortuné, c'eût été l'empressement que les étudians et les jeunes gens ont mis à s'acquitter de leurs derniers devoirs envers leur infortuné camarade.

Le mardi 6 juin, jour fixé pour les obsèques du jeune Lallemand, dès sept heures du matin un nombre prodigieux d'étudians en droit et en médecine s'était réuni dans les rues du Petit-Carreau et Montorgueil.

La police avait fait tous ses efforts pour s'opposer à ce convoi. M. Anglès lui-même,

écrivait le lendemain à M. Lafitte, et que la censure n'a pas permis d'insérer dans les journaux.

« Monsieur, hier mon fils fut frappé à mort sur la place du Carrousel, par un soldat de la garde royale ; aujourd'hui il est diffamé par le *Drapeau blanc*, par la *Quotidienne* et par le *Journal des Débats*. Je dois à sa mémoire, je dois à sa malheureuse mère, je me dois à moi-même de repousser le fait allégué par ces journaux. Ce fait est faux : mon fils n'a point tenté de désarmer un garde royal ; il marchait sans armes lorsqu'il a reçu par derrière le coup dont il est mort. Telle est la vérité ; elle jaillira de l'instruction déjà commencée contre le meurtrier.

J'ai l'honneur, etc.   *signé* LALLEMAND.

(Séance du 5 juin.)

avait demandé au père qu'il avançât l'heure fixée pour l'enterrement. On ajoute qu'on lui fit offrir une somme considérable pour permettre qu'on enlevât clandestinement le corps de son fils. M. Lallemand rejeta toute espèce de proposition : il ne voulut pas priver les restes de son fils des derniers honneurs qu'on se préparait à leur rendre, ni enlever aux camarades de ce malheureux jeune homme, la triste satisfaction de lui donner un éclatant témoignage de leur estime et de leurs regrets ; dernière et faible consolation pour un père!... Mais je le demande, quel trésor pourrait encore la payer ?

Le cortège se mit en marche vers les neuf heures. Le service funèbre se fit dans l'église Bonne-Nouvelle, qui n'a pu contenir qu'une faible partie des étudians.

Après la cérémonie, ce même cortége, le plus nombreux qu'on ait encore vu aux funérailles d'un simple citoyen, s'achemina silencieusement vers le cimetière du père Lachaise, en passant par le boulevard Poissonnière, le boulevard S. Denis et la rue du faubourg S. Martin.

Malgré le temps affreux qu'il faisait ce jour

2

là et les torrens de pluie qui tombaient à chaque instant, l'ordre et le silence le plus parfait ont continuellement régné. On évalue à plus de six mille le nombre des personnes qui ont suivi ce convoi. Presque tous étaient habillés de noir et portaient un crêpe au bras.

Le peuple, naturellement sensible, paraissait vivement ému de ce spectacle et donnait des signes fréquens d'attendrissement. Il se pressait en formant une double haie, autour du cortège auquel il ne laissait que la place nécessaire pour passer.

Le cortège arriva dans le même ordre, jusqu'au cimetière du père Lachaise. (1) Là,

(1) Quoique je ne me propose pas de signaler tous les mensonges que les journaux *du parti* ont débités sur les événemens que je raconte, je ne puis m'empêcher de relever ici une petite erreur de la *Gazette de France* qui a eu l'impudence de dire dans son n° du 7, que la pluie avait dissipé tout le cortége, et qu'il ne restait personne quand le convoi est arrivé au père Lachaise. Je suis surpris que la censure n'ait pas obligé les autres journaux à *se conformer à cette version*. On aurait pu dire aussi qu'elle paraissait plus exacte. Le fait est que personne n'a quitté le convoi, et que depuis l'église Bonne-Nouvelle, le cortége a plutôt augmenté qu'il n'a diminué.

plusieurs discours furent prononcés sur la tombe de Lallemand, et l'on se retira dans le même ordre qu'on était venu.

En revenant, le cortège prit sa route par le boulevard du temple, et vint Toujours en conservant ses rangs, jusqu'à la rue du Petit-Carreau. Il défila la tête découverte, devant la maison de M. Lallemand, puis se sépara aux cris de *vive la charte!*

Plusieurs patrouilles de gendarmerie avaient été envoyées pour le maintien de la tranquillité. C'est de toutes les missions dont les gendarmes ont été chargés dans cette quinzaine, celle qui a dû leur coûter le moins de peine. Ils ont pu rapporter à ceux qui les avaient envoyés, que cette jeunesse si tumultueuse, si insoumise, s'était distinguée dans une réunion extraordinaire, par un calme, une décence, un respect des convenances, que ne montrent pas toujours des hommes plus âgés, dans des réunions beaucoup moins nombreuses.

Les étudians en droit ont ouvert une souscription (1) pour élever un monument au

____

(1) On souscrit chez M. Mary, au café de l'école de droit, place du Panthéon.

jeune Lallemand. Les étudians en médecine
ont déclaré vouloir y prendre part. Les élè
ves de l'école d'architecture ont offert de
donner le plan du monument et de concourir
aux frais de son érection.

Le 4 juin, jour des processions de la Fête
Dieu, tout fut assez tranquille, seulement on
remarqua beaucoup de jeunes gens sur le quai
d'Orsai, sur la place Louis XV, dans les rues
Royale, de Rivoli, etc.

Le soir, des groupes nombreux se formè-
rent dans le Palais Royal ; on ferma les galeries
à neuf heures.

La journée du lundi 5 s'annonçait sous des
auspices orageux. Le matin M. le préfet de police avait fait placarder dans toute la ville une
ordonnance qui défendait les attroupemens
de plus de trois personnes, surt-tout dans les
lieux témoins des scènes du samedi.

De bonne heure tous ces points furent oc-
cupés par des troupes nombreuses. La ving-
tième légion manœuvrait dans les Champs-
Elysées ; une autre légion était stationnée sur
le Quinquonce des Invalides, la gendarmerie
à pied et à cheval était placée sur le quai
d'Orsay, au-devant de la chambre des députés et sur les deux côtés du pont qu'elle em-

pêchait de traverser ; les grenadiers de la garde occupaient l'un des côtés de la place Louis XV.

Vers les trois heures, une foule immense, composée en grande partie de jeunes gens se rendit sur tous ces points, et ne fit qu'augmenter jusqu'à quatre heures et demie. A cette heure les cris de *vive la charte !* se firent entendre sur la place Louis XV et furent répétés de tous côtés. Ce jour-là il n'y eut point d'opposans ; *les gardes-du-corps étaient consignés.*

On fit avancer les gendarmes, et des officiers de police invitèrent les groupes à se retirer. Trois ou quatre cents jeunes gens se portèrent alors sur les boulevards qu'ils parcoururent d'un bout à l'autre aux cris de *vive la charte !* Ce cortège grossit tellement dans sa marche, qu'arrivé à la porte S. Martin, il se composait de plus de six mille personnes. Il n'y eut aucun accident grave dans cette marche, dit le *Journal de Paris.* Le cri de *vive la charte !* fut répété du haut des croisées par la plupart des dames que la curiosité attirait pour le voir passer.

A la porte St. Martin, le groupe se sépara : une partie se dirigeait par la rue de Richelieu vers le Palais-Royal. L'autre continua sa route vers le faubourg St. Antoine. Elle rencontra des troupes vers le jardin Beaumarchais, elle fit un détour par les rues voisines et vint faire entendre le cri de *Vive la charte* ! sur la place de la Bastille. La colonne entra alors dans le faubourg St. Antoine, mais elle fut suivie à l'instant par la cavalerie qui en arrêta trente-cinq. Le reste fut dispersé.

Cependant, la foule qui était restée sur la place Louis XV, ne se retirait pas. On avait fait ranger en bataille sur la place, les dragons de la garde royale. Plusieurs commissaires de police renouvelèrent l'invitation de cesser tout rassemblement. Il est vrai qu'ils ne furent entendus que de ceux qui se trouvaient aux premiers rangs, le tumulte, les cris et l'éloignement empêchant les autres de rien entendre. C'est alors qu'on ordonna aux dragons de charger. En un instant ils eurent dispersé tout ce qui se trouvait devant eux. Plusieurs personnes furent blessées, d'autres furent culbutées dans les fossés du jardin des Tuileries.

Des torrens de pluie qui survinrent, contribuèrent plus efficacement encore que la force armée, à disperser la foule.

On se retira en partie sous les galeries du Palais-Royal. Là les cris de *Vive la charte* ! se renouvelèrent avec une nouvelle énergie. On ferma le jardin, puis les galeries, et à 7 heures et demie il ne restait plus personne dans le Palais-Royal.

Une partie de la foule qu'on en avait fait sortir était restée sur le Perron, et encombrait l'entrée de la rue Vivienne et de la rue Neuve-des-Petits-Champs. Les cris de *Vive la charte !* se faisaient entendre continuellement. Les dragons furent de nouveau envoyés pour disperser ce rassemblement. Ils arrivèrent par les rues qui avoisinent le Palais-Royal et débouchèrent par le Perron, puis se portèrent dans la rue Neuve-des-Petits-Champs qu'ils parcoururent plusieurs fois au galop.

Il paraît que dans cette soirée personne ne reçut de blessures graves. Il y eut seulement quelques individus renversés par les chevaux.

Le calme ne fut entièrement rétabli que vers dix heures et demie.

Au milieu des événemens les plus tragiques il arrive quelquefois des incidens très-plaisans. Il se passa dans cette soirée, une scène de ce dernier genre que nous tenons de témoins irrécusables, et que nous pourrions citer au besoin.

Tandis que les dragons parcouraient au grand trot la rue Neuve-des-Petits-Champs, jusqu'auprès de la place des Victoires, un petit homme à ailes de pigeon, à jambes très-déliées, et à croix de St. Louis, se tenait appuyé contre le mur de la banque de France et criait de toute la force de ses poumons : Sabrez, dragons, sabrez-moi cette canaille. Quelqu'un qui l'écoutait s'approche de lui, le saisit par le milieu du corps, l'enlève et d'un seul mouvement le fait asseoir au milieu du ruisseau grossi par l'averse qui venait de tomber ; puis se tournant du côté des dragons qui arrivaient, il s'écrie à son tour : Sabrez, dragons, sabrez-moi cette canaille ; et il montrait du doigt le petit homme qui criait et s'agitait dans le ruisseau. Les dragons ne lui firent aucun mal ; mais les pieds des chevaux achevèrent de couvrir d'eau et de boue la partie de son corps qui se trouvait hors du ruisseau.

Le mardi 6, eurent lieu les obsèques du jeune Lallemand. Le mauvais temps empêcha les réunions pendant la journée ; elle n'eurent lieu qu'à la nuit tombante, dans le voi-

sinage de la place Louis XV , dans la rue de
la Paix, sur le boulevard de la Madelaine dans
les rues Duphot et Richepanse.

Les dragons furent envoyés contre ces rassemblemens, et les dissipèrent à coups de
sabre,

Malheureusement il arriva ce qui arrive
toujours quand on emploie de pareils moyens
pour exercer la justice distributive. Ceux qui
crient le plus fort, sont ordinairement ceux
qui ont les meilleures jambes ; ils évitent les
coups qui vont tomber le plus souvent sur
des gens qui ne disent rien, mais qui ne peu-
vent pas courir aussi vite que des chevaux de
dragons. Un vieillard fut frappé au coin de
la rue Richepanse par le sabre d'un dragon,
et il fut emporté comme mort dans une boutique.

M. Dubief, riche bijoutier, demeurant rue
de Richelieu, citoyen paisible et universel-
lement estimé, marchait accompagné d'un
de ses amis, sans proférer aucun cri, non
au milieu de la rue, mais sur les côtés. Un
détachement de dragons les suivait. L'officier qui les commandait, s'avança vers ces
deux messieurs, en leur adressant les paroles les plus injurieuses. Un d'eux lui repré-

(26)

senta combien sa conduite était peu convenable ; il leur répondit par un coup de sabre, qui porta sur le bras de M. Dubief, et coupa une partie du tendon.

Les cavaliers poursuivaient la foule avec tant d'acharnement qu'ils entraient dans les allées des maisons. Plusieurs traversèrent à cheval le passage Delorme, en brandissant leurs sabres. Plus de vingt personnes furent blessées. Beaucoup de citoyens disaient hautement, que du temps des Prussiens et des Russes, il s'en fallait beaucoup qu'on les eût si maltraités.

Ces derniers faits sont attestés par MM. Martin de Gray et Demarçay (1).

Le mercredi 7 on afficha une nouvelle ordonnance du préfet de police pour défendre les attroupemens.

Ce jour là Louvel devait être exécuté. On pouvait craindre qu'il ne se commît quelque désordre à la suite de cette exécution, qui devait réunir sur un seul point une affluence considérable de gens de toutes les classes.

Une force armée des plus imposantes avait été mise sur pied. La place de Grève, les

(1) Voir la séance du 7 juin.

quais et les ponts jusqu'à la conciergerie étaient garnis de troupes. Des détachemens avaient été envoyés sur les lieux où l'on pouvait craindre des réunions. Une légion était stationnée vers le jardin Beaumarchais; des pelotons de cavalerie occupaient les boulevards de distance en distance. La garde royale couvrait la place Louis XV.

Tout fut assez tranquille avant et quelques heures après l'exécution qui avait eu lieu à six heures. (1)

A huit heures les troupes se retirèrent des boulevards et de la place Louis XV, et rentrèrent dans leurs casernes.

Il se forma sur cette place un rassemblement qui se grossit en un instant; après avoir fait retentir l'air pendant un quart d'heure des cris de *Vive la charte !* il se dirigea sur les boulevards par la rue de la Paix.

Cette troupe composée en grande partie d'ouvriers, arriva jusqu'au boulevard Saint-Martin où elle fut rencontrée par un détachement de dragons envoyés à sa poursuite.

______

(1) Il est à remarquer que le procès et l'exécution de ce grand criminel, n'ont pas fait une bien vive sensation dans Paris, tant on était absorbé par l'intérêt toujours croissant des événemens qui se succédaient chaque jour.

Il était tout-à-fait nuit, et cette fois les coups de sabre furent distribués avec moins de *justice* encore que la veille. Beaucoup de personnes affirment que plusieurs dragons étaient dans un état complet d'ivresse.

Un malheureux portier qui sortait pour faire une commission, reçut un coup de sabre qui lui coupant le nez presque à la hauteur des yeux, puis les deux joues, lui a abattu la figure comme un masque sur la poitrine ; elle ne tenait plus que faiblement par la peau du menton. Ce malheureux est en ce moment à l'hôpital St. Louis. Un grand nombre de personnes furent plus ou moins blessées dans cette soirée.

Le 8, le rassemblement commença fort tard sur les boulevards St. Denis, et St. Martin et Bonne-Nouvelle.

A neuf heures un fort détachement de gendarmerie s'y rendit ; il se conduisit avec beaucoup de modération, et ne donna point de coups de sabre. Il vint ensuite des cuirassiers qui chargèrent et blessèrent quelques personnes. Le calme ne se rétablit qu'à dix heures et demie.

Le vendredi 9, fut une des journées les plus désastreuses. La foule se porta à la même heu-

re et au même lieu que la veille. Les cris de
Vive la charte !.étaient plus forts et plus fréquens. Des patrouilles de la garde nationale,
croisaient en tous sens la foule qui s'ouvrait
pour les laisser passer et les accompagnait aux
cris de *Vive la charte* !

On envoya une légion d'infanterie qu'on
fit ranger en bataille sur le boulevard auprès
du Château d'eau. La gendarmerie et d'autres
troupes occupaient d'autres points. Enfin les
cuirassiers et les dragons arrivèrent. La lettre
suivante écrite par les habitans de ces quartiers
aux députés de Paris et lue par M. Lafitte, à
la séance de la Chambre des députés du dix
juin, présente une partie du tableau des scènes
affligeantes de cette soirée.

Paris, 10 juin 1820.

*A messieurs les députés du département de
la Seine, à Paris.*

« Messieurs, les habitans du quartier de la
porte Saint-Denis, consternés des événemens
déplorables qui se sont passés hier soir sur le
seuil de leurs portes vous en adressent la narration fidelle. Ils vous prient d'en soumettre

le tableau à la chambre, afin d'en invoquer la protection pour éviter que de semblables horreurs ne se renouvellent à l'avenir. Voici les faits :

« A huit heures du soir, les boulevards de Bonne-Nouvelle à la porte Saint-Martin étaient couverts par plus de cent milliers d'habitans, hommes, femmes et enfans. Aucun cri, aucune action n'avaient troublé l'ordre public, lorsque tout-à-coup arrivèrent plusieurs détachemens de troupes, parmi lesquelles se faisaient distinguer les cuirassiers de la garde royale, brandissant leurs sabres. A leur présence, des cris de *vive la charte* se firent entendre.

« Leurs chefs leur donnent ordre de charger, et ils s'élancent sur cette immense population qu'ils font refluer sur toutes les rues adjacentes, et notamment sur la rue Saint-Denis, sabrant tout ce qui se trouve devant eux. Un mari et sa femme qui s'étaient abrités chez un marchand d'eau-de-vie et de tabac, rue Saint-Denis, au coin de la rue de Tracy, en sont arrachés et frappés chacun d'un coup de sabre. Ils furent recueillis sanglans par le portier de la maison rue de Tracy, n° 13, où on appliqua les premiers appareils.

« Un homme âgé de 55 ans fut frappé, abrité sous les colonnes du portail Saint-Chaumont; il reçut un coup de sabre à l'occiput, et fut pansé par M. Willemsens, pharmacien, rue Saint-Denis, en face de la rue de Tracy. Un homme tomba frappé à mort dans la maison de M. Floriet, marchand de vin au *Lion d'or*, en face Saint-Chaumont; n'ayant point de papiers sur lui, il fut porté à onze heures et demie du soir à la Morgue par quatre soldats de ligne commandés par un caporal, la gendarmerie n'ayant pas voulu accompagner le corps.

« Les cuirassiers donnèrent des coups de sabre à travers les carreaux du marchand de vin et une moitié de sabre en resta sur le comptoir....

(M. de Corcelles interrompt ici M. Lafitte pour montrer à l'assemblée cette moitié de sabre qu'il avait lui-même apportée.)

« Nous ne doutons pas, messieurs, que ce ne soit contre les intentions du gouvernement que de pareils excès aient été commis, mais nous demandons instamment que la police de notre quartier soit confiée à la garde de ses habitans intéressés, plus que tous les corps armés,

au maintien de l'ordre et de la tranquillité
publique. »

(Suivent une foule de signatures de négocians et
propriétaires.)

M. Lafitte ajoute qu'une infinité d'autres
personnes ont été grièvement blessées. Il cite
entre autres un enfant qui passait par hasard
dans la rue, et qu'un cuirassier a frappé d'un
second coup de sabre après l'avoir manqué
du premier. Alors un gendarme (à l'humanité
duquel l'honorable député se plaît à rendre
justice) l'a pris dans ses bras, lui a prodigué
ses soins et a fait panser sa blessure.

Au milieu du désordre de cette soirée,
M. le maréchal Oudinot, duc de Reggio, reçut, les uns disent un coup de sabre, les autres un coup de pied de cheval. Ce qu'il y a
de certain, c'est qu'il garde le lit depuis cette
époque.

Un ouvrier, père de famille, traversait la
rue Saint-Denis en donnant la main à son fils
âgé de sept à huit ans ; la cavalerie charge en
ce moment, il pourrait peut-être courir assez
vite pour n'en être pas atteint ; mais son fils ne
peut le suivre, il ne veut pas l'abandonner.
Que fait ce malheureux père ? Il se serre con-

tre une maison, couvre son enfant de son corps, baisse la tête et attend dans cette attitude.... peut-être la mort. La cavalerie passe, il reçoit plusieurs coups de sabre; heureusement ce n'était pas des coups de pointe, il en fut quitte pour avoir le collet de son habit coupé; mais il éprouva une commotion si violente des coups qu'il avait reçus sur le dos, qu'il crachait le sang et faillit perdre connaissance. Il eut peine à regagner sa demeure.

Quelques-uns des groupes s'étaient reformés sur la place des Victoires; ils y furent atteints, sabrés et dispersés.

Il était plus de onze heures quand le calme se rétablit.

L'ouvrier qui avait été tué chez le sieur Floriet, marchand de vin, se nommait Gravelot, il était né à Belmont près de Langres, et travaillait depuis quinze ans chez le même maître; il paraît que le hasard seul et le désir de voir quelqu'un de son pays qui demeurait dans ce quartier l'avait conduit sur le passage des dragons qui chargaient la foule. Il se refugia dans la boutique du sieur Floriet, et là il reçut le coup mortel; son corps fut porté à la Morgue.

Le lendemain son maître et ses compagnons

allèrent le reconnaître ; ils demandèrent à le faire inhumer, on leur refusa. Ils laissèrent huit francs pour qu'on renfermât le corps dans une bière.

Pendant que la terreur régnait près des portes Saint-Denis et Saint-Martin, des scènes d'un autre genre se passaient dans un quartier opposé.

Il paraît que des jeunes gens, soit pour faire une mystification à la police, soit par tout autre motif que nous ignorons, s'étaient amusés à placarder des affiches dans lesquelles ils invitaient à se réunir à l'Estrapade. Ces affiches furent, comme de raison, portées à la police qui sur-le-champ met sur pied force infanterie et cavalerie. Les dragons arrivent sur l'Estrapade, le sabre au poing, et ils ne rencontrèrent personne, et le plus grand calme régnait dans tous les quartiers environnans.

Telle est l'esquisse rapide des principaux événemens d'une soirée dont le souvenir restera long-temps gravé dans la mémoire des habitans des boulevards Bonne-Nouvelle et et S. Martin.

Pour justifier l'emploi de la force armée, M. le Garde des Sceaux a prétendu, que les officiers de police avaient invité les groupes à se disperser ; qu'ils y ont échoué et que c'est alors seulement que les cuirassiers ont été commandés; que trois sommations ont été faites ; qu'on y a répondu en chargeant les gendarmes à coup de bâtons ; qu'on proférait dans les groupes les cris de *Vivent nos frères de Manchester ! à bas les Chambres ! à bas les royalistes ! les ministres ! à bas les cuirassiers et les dragons.*

Je conviens que c'étaient là des délits très-punissables et que rien ne peut excuser. Mais n'y avait-il que des coups de sabre pour les réprimer et les punir ?

A l'égard des trois sommations, je répéterai ce que j'ai déjà dit plus haut. De qui ont-elles pu être entendues au milieu de la nuit, et du tumulte effroyable que devait occasionner cette affluence de peuple et de soldats ? Quant aux vociférations séditieuses dont parle le ministre, il est très possible qu'on les ait proférées, mais elles n'ont pu l'être que par quelques individus isolés ; et le cri de *Vive la charte !* était si général, et dominait tellement qu'on l'entendait jusqu'au jardin Turc sur le boulevard du Temple.

La police fera sans doute des recherches

pour découvrir les coupables. Elle doit même déjà être sur la voie à cet égard. Samedi trois juin elle a arrêté un homme qui criait : *Vive le roi , rien que le roi ! Vive la charte , rien que la charte ! à bas les révolutionnaires !* entremêlant ainsi les cris de l'un et de l'autre parti. Cet homme est un nommé Vauversin , qui dans la révolution recevait un traitement du roi , sous prétexte de servir sa cause en France , et était en même temps à la solde du Directoire pour être son espion auprès des princes réfugiés à l'étranger.

Dans les journées des 10 , 11 et 12 , les rassemblemens paraissaient devoir être aussi considérables ; mais on déploya une force armée si imposante , qu'ils furent dissipés sans effusion de sang et sans tumulte. Ce moyen était-il impraticable les jours précédens ?

Enfin le calme s'est rétabli et au moment où nous écrivons , tout est parfaitement tranquille. Seulement on continue à arrêter beaucoup de personnes.

Les événemens que nous venons de raconter sont de nature à faire naître de nombreuses réflexions. Nous nous en abstiendrons, et pour cause. Sans vouloir faire *l'apologie de la sédition* nous ferons seulement une remarque qui prouvera que les *séditieux*, étaient encore des gens assez modérés. C'est qu'aucun député du côté droit n'a reçu la moindre insulte, tandis que plusieurs députés du côté opposé ont été injuriés, menacés et maltraités par le parti des *honnêtes gens*.

Nous terminerons en nous adressant ces deux questions : Quelle était la cause de l'espèce de sédition qui a eu lieu ? Quel était le moyen de la faire cesser ?

On nous permettra de ne pas répondre à la première question ; parce qu'il y aurait trop de choses à dire ; parce que nous voulons laisser à nos lecteurs le plaisir de la résoudre ; parce que nous désirons n'avoir aucun démêlé avec M. le Procureur du roi, et que nous ne sommes point envieux d'une célébrité gagnée à la Cour d'assises. Tout ce que nous nous permettrons, ce sera d'observer en passant qu'il n'y avait ni sédition, ni rassemblement tumultueux avant qu'on entendît parler de lois d'exceptions, de changement à des lois qu'on avait fait hier, de charte expliquée, etc.

Quant à la seconde question , nous tâcherons d'y répondre de notre mieux. Pour cela nous remarquerons d'abord ce que tout le monde sait; qu'il est dangereux de jouer avec des sabres , suivant l'expression d'un honorable député; que dans une émeute on peut long-temps empêcher l'effusion de la première goutte de sang, mais qu'une fois répandue elle ouvre souvent le passage à des torrens; enfin qu'il est possible de disperser un rassemblement même très-nombreux, sans employer les armes, sur-tout lorsque ce rassemblement est lui-même désarmé. La preuve, c'est qu'on a usé de ce dernier moyen depuis vendredi *exclusivement* et qu'on s'en est très-bien trouvé; c'est que le 8 sans coup férir on a dissipé à Rennes un rassemblement de jeunes gens qui s'était formé à l'entrée de la nuit et qui criait aussi *vive la charte!* c'est qu'à Londres, dans la même nuit du 8, un rassemblement de sept à huit mille individus s'est porté aux derniers excès, a brisé un grand nombre de fenêtres , entre autres celles des ministres, a marché sur le palais du roi à Carlton-House, s'est efforcé d'en briser les portes, et que cet attroupement a été dispersé sans que la troupe ait fait aucun

usage de ses armes, sans qu'il y ait eu un seul
coup de sabre de donné.

Mais, me dira-t-on, nos ministres savaient
certainement tout cela; pourquoi ont-ils mis
en usage, pendant huit ou dix jours, une mé-
thode toute différente? Me voilà presqu'au-
tant embarrassé que je l'étais à la première
question. Cependant je vais hasarder une ré-
ponse qui doit satisfaire tout le monde.

Autrefois on a employé les dragons (très-
efficacement comme chacun sait) pour ramener à la foi catholique les protestans des Cé-
vennes; je pense donc que les dragonades de
la rue de Rivoli et de la porte Saint-Martin,
avaient pour objet de ramener à la foi minis-
térielle ceux qui osaient s'en écarter en criant
vive la charte ! Jadis on avait fait les dragons
missionnaires apostoliques; on les transforme
aujourd'hui en missionnaires politiques. Je ne
vois rien là que de très-conforme aux anciens
usages auxquels tant d'*honnêtes gens* vou-
draient nous ramener.

FIN.

Imprimerie de Mad. Jeunehomme - Crémière
rue Hautefeuille, n° 20.